Éric Mathivet

Dis Pourquoi?

spécial dinos

DEUX COQS D'OR

SOMMAIRE

Avant les dinos

Au temps des dinos

Champions toutes catégories

La vie des dinos

Les gros et les féroces

Chacun son style

Les dinosaures et nous

Après les dinos

Quiz

Jeux
Stylo en main !

Avant les dinos

Depuis quand y a-t-il des animaux sur Terre ?

Apparue sur Terre il y a plus de 3 milliards d'années, la vie est très longtemps restée microscopique. Les premiers vrais animaux étaient des éponges qui vivaient dans les mers il y a moins de 1 milliard d'années (760 millions, pour être plus précis). Les éponges sont les animaux les plus simples ; les dinosaures n'apparaîtront que 500 millions d'années plus tard.

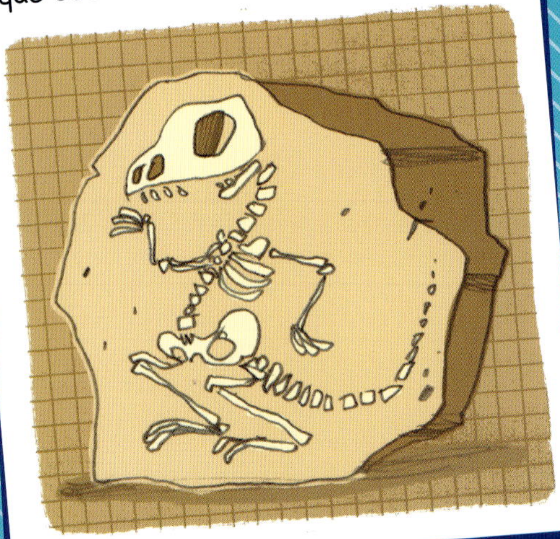

Pourquoi les premiers animaux vivaient-ils tous dans l'eau ?

Sur la jeune planète Terre, l'air était trop pauvre en oxygène pour permettre aux animaux de respirer, ainsi que pour les protéger contre les rayons les plus nocifs du Soleil. En revanche, l'eau offrait la protection nécessaire, et les algues l'enrichissaient en oxygène. Mais l'atmosphère a changé il y a 400 millions d'années, grâce à l'oxygène rejeté par les premières plantes terrestres, et les animaux ont commencé à sortir de l'eau.

Pourquoi les premiers poissons étaient-ils cuirassés ?

Il y a 470 millions d'années, lorsque apparurent les premiers poissons, les mers étaient déjà pleines d'animaux agressifs et affamés, semblables à des pieuvres, à des crustacés ou à rien de connu aujourd'hui. Les plaques et cuirasses des premiers poissons les protégeaient contre ces prédateurs.

À quoi ressemblaient les premiers animaux terrestres ?

Parmi les premiers animaux vivant hors de l'eau, il y avait des scorpions, des mille-pattes, des mollusques et des insectes, mais aussi les premiers vertébrés à quatre pattes, apparentés aux amphibiens (grenouilles, tritons...) et aux reptiles. Ces animaux ressemblaient à de grosses salamandres.

Quand les dinosaures ont-ils vécu ? 1

À l'époque où les premiers dinosaures sont apparus, il y a 230 millions d'années, il n'y avait pas encore d'oiseaux ni de mammifères sur Terre. C'était le début d'une longue période appelée « mésozoïque », où les dinosaures profitèrent d'un climat chaud et humide pour devenir de plus en plus nombreux et variés. Mais ils disparurent assez brusquement, il y a 65 millions d'années...

Les dinos étaient-ils les plus lourds de tous les animaux ? 2

La réponse est... « non » ! Pourtant, un brachiosaure de 50 t (tonnes) ou un sauroposéidon de 60 t pesaient autant que 10 à 12 éléphants adultes. D'autres pourraient même avoir dépassé le poids de 100 t ! L'éléphant est le plus lourd des animaux vivant sur Terre actuellement, mais la mer a abrité des baleines bleues de 180 t ou plus.

Les bébés dinosaures buvaient-ils du lait ?

3

Quand on sort d'un œuf de dinosaure, on ne boit pas de lait ! En effet, seuls les mammifères boivent le lait de leur maman quand ils sont petits... et les dinosaures n'étaient pas des mammifères, mais des reptiles.

Les petits dinosaures carnivores étaient-ils dangereux ?

4

Compsognathus, l'un des plus petits carnivores, n'était pas plus dangereux qu'un gros lézard. Mais il devait chasser en bande. Quant au vélociraptor, guère plus haut qu'un enfant de 7 ans, c'était un vrai fléau, tout en griffes et en dents !

Quel dinosaure avait les plus grandes dents ?

5

Les plus longues dents de dinosaure étaient celles des plus gros prédateurs : le tyrannosaure et son cousin *Gigantosaurus* avaient des dents de 20 cm, la taille d'une grosse banane... en bien plus dur !

Pourquoi certains dinos marchaient-ils sur deux pattes ?

Il y a plus de 220 millions d'années, les premiers dinosaures se distinguaient par leurs pattes situées sous le corps et non pas écartées comme chez les autres reptiles. Cela leur permettait de se redresser. Mais certains n'en sont pas restés là : debout sur deux pattes, ils étaient plus grands que leurs proies à quatre pattes et ils couraient plus facilement dans les forêts.

7

Y avait-il des dinosaures dans les montagnes ?

Beaucoup de montagnes actuelles, comme les Alpes, n'existaient pas encore au temps des dinosaures, mais d'autres étaient déjà là, avec des sommets froids et neigeux. Il est certain que les moins hautes étaient très fréquentées, mais on pense aussi que de grands dinosaures herbivores ont pu s'aventurer dans les prairies d'altitude, suivis par des carnivores intéressés.

8

Pourquoi n'y a-t-il plus de dinosaures sur Terre ?

Parce que le climat, qui était doux depuis plus de 150 millions d'années, est devenu tout à coup épouvantable. La cause principale de cette catastrophe est la chute d'une météorite : un très gros caillou venu de l'espace ! Le choc avec la Terre détruisit tout jusqu'à 1 000 km du lieu de chute et souleva une énorme quantité de poussières qui assombrirent le ciel, ne laissant passer que très peu de lumière et de chaleur du Soleil. Cela fut fatal aux dinosaures et à bien d'autres animaux.

Comment sait-on si un os provient d'un dinosaure ou non ?

9

Pour un os isolé, il faut comparer avec des os connus, bien que la taille de certains os suffise à les classer comme dinosauriens. On calcule aussi l'ancienneté de ce fossile, selon la couche du sol où il a été trouvé et grâce à des techniques sophistiquées. Quand on découvre une tête, une mâchoire ou un squelette entier, c'est plus facile de savoir s'il s'agit réellement d'un dinosaure.

L'oviraptor était-il un voleur d'œufs ?

10

Avec ses 2 m de long, queue comprise, l'oviraptor devait ressembler à un gros poulet : des plumes sur le corps, pas de dents, mais un bec et même une crête sur la tête ! Lorsqu'on a découvert ses os fossilisés en présence d'œufs, on a d'abord cru qu'il les avait volés – d'où son nom d'*oviraptor* (« voleur d'œufs »). Mais, aujourd'hui, on pense plutôt qu'il s'agissait de sa propre ponte et qu'il couvait. Tout comme un oiseau !

Les crocodiles sont-ils plus anciens que les dinosaures ?

11

Les plus anciens parents des crocodiles sont apparus à la même période que les dinosaures, et il est difficile de dire s'ils étaient plus anciens. Ils ne ressemblaient guère aux crocodiles que nous connaissons, car ils étaient hauts sur pattes et ne vivaient pas dans l'eau ; mais, quand les dinosaures disparurent, certains de ces drôles de crocos survécurent, pour évoluer jusqu'à aujourd'hui.

Tous les dinosaures ont-ils disparu en même temps ?

12

Après la chute d'une grosse météorite, qui provoqua l'assombrissement du ciel, les plantes moururent, privées de chaleur et de lumière. Leur disparition entraîna celle des dinosaures herbivores qui s'en nourrissaient, puis celle des carnivores. Tout cela se passa en quelques centaines ou quelques milliers d'années – ce qui est très peu comparé aux millions d'années du règne des dinosaures. C'est pourquoi l'on considère que tous les dinosaures qui vivaient à cette époque ont disparu « en même temps ».

13

Les dinosaures mangeaient-ils tout le temps ?

Chaque dinosaure mangeait à son rythme, selon sa nourriture. Les grands herbivores avalaient des plantes presque toute la journée, alors que les gros carnivores satisfaisaient leur appétit en dévorant une ou deux proies par semaine. Au contraire, les petits carnivores, très actifs, avaient besoin de croquer souvent des insectes ou d'autres petites bêtes.

Les dinosaures au musée

Dans les muséums d'Histoire naturelle, on admire des squelettes de dinosaures, gigantesques ou minuscules. On y voit aussi des monstres en plastique qui ont l'air plus vrais que nature. Certains bougent et crient !

Réponses en page 100.

PTÉRODACTYLE
ALLOSAURE
3. Les ptérodactyles ont-ils des plumes ?
APATOSAURE
COMPSOGNATHUS

Les dinosaures étaient-ils des reptiles, comme les crocodiles ?

14

Les reptiles sont des animaux dont la peau est recouverte d'écailles et qui pondent des œufs : c'était bien le cas des dinosaures. Ils étaient d'ailleurs parents avec les crocodiles, dont les ancêtres étaient aussi ceux des dinosaures.

Combien mesure la plus longue corne de dinosaure ?

15

Les deux cornes qui ornaient le front des tricératops atteignaient 1 m ! Ces dinosaures blindés en avaient une autre, moins longue, au bout du museau. Face aux prédateurs, ces trois cornes représentaient une menace que même un tyrannosaure ne devait pas négliger.

Quelle quantité d'herbe pouvait manger un gros herbivore ?

16

On ne devrait pas dire des dinosaures végétariens qu'ils étaient « herbivores », car il n'y avait pas encore de vraie herbe à leur époque, sauf peut-être à la fin du crétacé. Quoi qu'il en soit, on a calculé qu'*Argentinosaurus*, l'un des plus grands dinosaures ayant existé, devait manger près de 500 kg de plantes par jour !

Pourquoi trouve-t-on des fossiles de dinosaures dans les déserts ?

17

La principale raison vient de ce qu'il faut faire des fouilles, en creusant et en cassant des roches – ce qui est difficile à organiser dans une forêt ou dans un centre-ville ! Beaucoup de fossiles proviennent de zones peu habitées ou désertiques (Badlands aux États-Unis, désert de Gobi en Asie...), mais on en trouve aussi dans les montagnes, dont la formation a soulevé les terrains où ils étaient enfouis.

Les dinosaures vivaient-ils en famille ?

18

Les herbivores vivaient souvent en groupes, mais ce n'étaient pas des familles, plutôt des troupeaux ! En revanche, on a découvert des nids, avec des indices montrant que les parents dinosaures devaient prendre soin de leurs petits, particulièrement ceux du genre *Maiasaura*, dont le nom signifie « reptiles maternels ». On se demande, aujourd'hui, si maman tyrannosaure faisait, elle aussi, des câlins à ses rejetons...

Les dinosaures à plumes savaient-ils voler ?

19

Les premières plumes ne servaient pas à voler, car elles étaient toutes petites, mais elles protégeaient contre les chocs et le froid. En devenant de vraies plumes, comme celles des oiseaux, elles ont permis à de petits dinosaures, tel l'archéoptéryx, de planer et à quelques autres encore plus petits, comme *Epidexipteryx*, de vraiment voler. Mais beaucoup de dinosaures à plumes ne volaient pas du tout, tels *Avimumus*, *Mononykus* et même le célèbre vélociraptor !

20

Qu'est-ce qu'un fossile ?

Quand un dinosaure mort se transformait en fossile, ses os et ses dents (et parfois aussi des parties moins dures) étaient, peu à peu, imprégnés de matières minérales, identiques à celles qui composent les roches. Un fossile est donc un animal – ou une plante – transformé en pierre, qui peut se conserver ainsi des milliards d'années ! Des empreintes sur un sol mou peuvent aussi devenir fossiles si le sol se minéralise.

21

Jusqu'à quel âge pouvait vivre un dinosaure ?

Si, parmi les reptiles d'aujourd'hui, des tortues vivent plus de 100 ans et des crocodiles presque autant, on n'a aucune preuve que des dinosaures pouvaient dépasser 40 ans. Un tyrannosaure atteignait sa taille adulte vers 18 ans ; et le plus vieux spécimen connu est probablement mort de maladie à l'âge de 28 ans seulement !

22

Les dinosaures mâles paradaient-ils devant les femelles ?

Chez les lézards et les serpents d'aujourd'hui, comme chez les oiseaux (qui sont de proches parents des dinosaures), les mâles paradent souvent devant les femelles pour les séduire. Les dinosaures le faisaient sûrement eux aussi, en criant, en se dressant fièrement, en gesticulant et en montrant leurs cornes, leurs dents ou leurs couleurs... et en se battant contre les mâles rivaux.

Combien y avait-il de dinosaures différents ?

Du plus petit au plus grand, on compte environ 700 dinosaures, dont les spécialistes ont trouvé assez d'ossements fossiles pour les étudier et décider qu'ils représentaient des espèces distinctes. Mais il en reste sûrement encore plus à découvrir ! Pourtant, même s'il avait existé 5 000 espèces de dinosaures, ce serait toujours deux fois moins que le nombre d'espèces actuelles d'oiseaux.

23

Pourquoi les dinosaures grandissaient-ils autant ?

24

À la récréation, les enfants les plus grands sont généralement ceux qu'on embête le moins. C'était pareil chez les dinosaures. Face aux féroces carnivores, les plus grands herbivores étaient avantagés par leur taille (jusqu'à 15 m de haut) et leur poids. S'ils pouvaient grandir autant, c'était grâce à leur squelette très compact au niveau des pattes pour soutenir leur énorme poids et allégé dans le reste du corps pour ne pas trop l'alourdir.

Les petits dinos étaient-ils gentils ?

25

Les plus petits dinosaures ne mangeaient pas de fruits : c'étaient des chasseurs d'insectes et d'autres petites bêtes. L'un d'entre eux, couvert de petites plumes, a été nommé *Bambiraptor* parce qu'il était tout petit, mais c'était un cousin du vélociraptor et il se montrait sûrement très agressif.

Trouve-t-on partout des os de dinosaures ?

26

On trouve des os de dinosaures dans le monde entier, même dans les régions polaires ! Les découvertes sont plus nombreuses dans certaines régions d'Europe, d'Amérique du Nord, de l'Est asiatique (Chine, Mongolie) et du Nord de l'Afrique.

Les dinosaures construisaient-ils des nids ?

27

Beaucoup de dinosaures devaient enterrer leurs œufs ou les cacher dans la végétation, mais certains creusaient des nids dans le sol. On a trouvé plusieurs nids au même endroit, les parents dinosaures se réunissant pour mieux surveiller leurs couvées.

Est-ce qu'il y avait des dinosaures dans tous les pays ?

28

Au début de l'ère des dinosaures, tous les continents étaient réunis et les premiers dinosaures ont pu se répandre un peu partout. Ensuite, une mer s'est formée et a séparé le super-continent en deux parties, sur lesquelles les dinosaures se sont mis à évoluer différemment. Mais il n'y a pas de grande région du monde, de la France à la Chine et à l'Australie, qui n'ait pas été habitée par des dinosaures.

29

Les dinosaures géants faisaient-ils d'énormes crottes ?

Les crottes de dinosaures se conservent plutôt bien et on en a découvert beaucoup. On s'est aperçu qu'elles n'étaient pas si grosses que ça : les dinosaures géants ne laissaient pas des montagnes de crottes ! Celle d'un tyrannosaure pourrait tenir dans un grand sac à dos. Ces crottes fossiles révèlent ce que les dinosaures mangeaient. Ainsi, celles d'herbivores du crétacé contiennent de l'herbe, alors qu'on croyait qu'il n'y avait pas encore de vraie herbe à l'époque !

Le tricératops pouvait-il résister face au tyrannosaure ?

30

Armé de trois longues cornes et cuirassé, le tricératops était gros comme quatre rhinocéros. Face à lui, un tyrannosaure affamé avait pour lui la vitesse, sur ses deux pattes, et la hauteur – jusqu'à 6 m de haut contre « seulement » 3 m pour le tricératops. Même si ce dernier donnait de puissants coups de tête et de corne, le tyrannosaure pouvait le renverser et le mordre mortellement au ventre ou à la gorge. Pourtant, les tricératops devenaient presque invincibles lorsqu'ils étaient en troupeaux.

Pourquoi certains dinosaures avaient-ils des épines sur le dos ?

31

Il y a deux types d'épines : celles du spinosaure, qui tendaient sûrement une voile de peau comme un éventail, et celles de certains stégosaures comme *Kentrosaurus*, qui étaient des plaques pointues posées sur le dos et les épaules. Elles rendaient leur propriétaire plus imposant et, peut-être, plus séduisant. Certaines servaient à se défendre, mais on pense surtout que les épines et leur couverture de peau permettaient d'évacuer la chaleur quand il faisait trop chaud.

L'évolution des animaux

Il y a très longtemps, bien avant les dinosaures, les mers abritaient les tout premiers animaux, qui ressemblaient à des éponges et à des méduses. L'évolution des animaux, c'est leur transformation et leur multiplication, mais aussi la disparition d'une multitude d'entre eux, remplacés par d'autres.

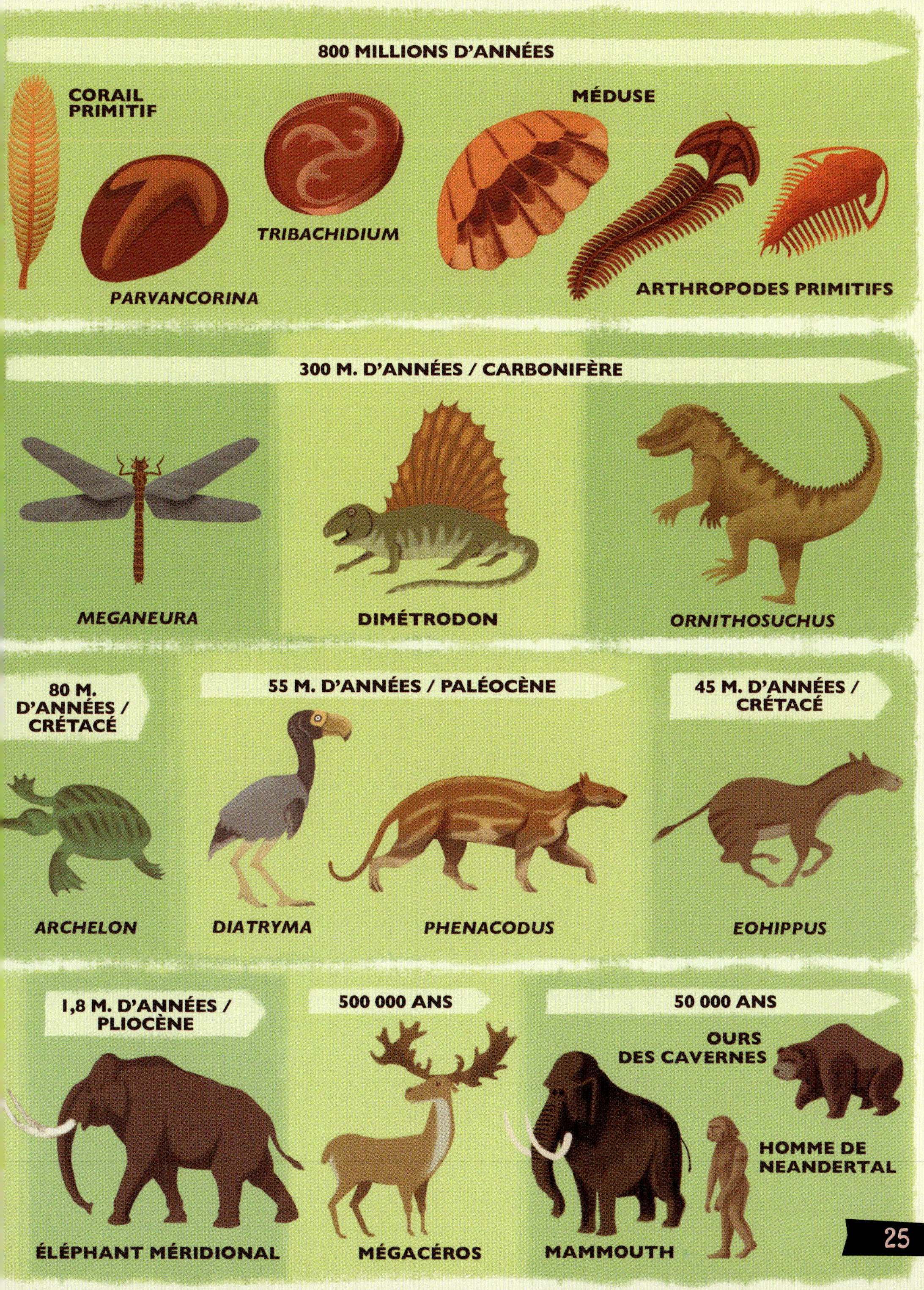
800 MILLIONS D'ANNÉES
CORAIL PRIMITIF
PARVANCORINA
TRIBACHIDIUM
MÉDUSE
ARTHROPODES PRIMITIFS
300 M. D'ANNÉES / CARBONIFÈRE
MEGANEURA
DIMÉTRODON
ORNITHOSUCHUS
80 M. D'ANNÉES / CRÉTACÉ
55 M. D'ANNÉES / PALÉOCÈNE
45 M. D'ANNÉES / CRÉTACÉ
ARCHELON
DIATRYMA
PHENACODUS
EOHIPPUS
1,8 M. D'ANNÉES / PLIOCÈNE
500 000 ANS
50 000 ANS
OURS DES CAVERNES
HOMME DE NEANDERTAL
ÉLÉPHANT MÉRIDIONAL
MÉGACÉROS
MAMMOUTH

Peut-on faire revivre des dinosaures ?

32

Pour cela, il faudrait d'abord récupérer suffisamment d'ADN de dinosaure, et c'est actuellement impossible. Dans les fossiles de 65 millions d'années ou plus, l'ADN, qui est le programme de construction d'un être vivant, est détruit. Quant à récupérer cet ADN dans des moustiques conservés dans de l'ambre (une résine végétale) après avoir piqué des dinosaures... l'idée est séduisante, mais il faut trouver les bons moustiques et, même ainsi, l'ADN serait trop abîmé ! Patience : on trouvera bien un moyen, un jour...

Les dinosaures savaient-ils chanter ?

33

Il est difficile de savoir si les dinosaures chantaient, quand on ne connaît que leurs os et leurs empreintes. Les carnivores devaient souffler fort et gronder, et les herbivores qui vivaient en troupeaux avaient sûrement des cris d'appel et d'alerte. Mais, pour ce qui est de chanter, c'est une autre affaire ! Pourtant, certains dinosaures « à bec de canard » avaient de drôles de crêtes sur la tête, formées de tubes creux reliés à leur nez. En soufflant par le nez (comme on se mouche), ils émettaient peut-être des sons de cor de chasse ou de trompette.

Combien mesurait le dinosaure le plus long ?

34

S'ils ne pesaient pas aussi lourd que les plus grosses baleines, les dinosaures géants les dépassaient en longueur, grâce à un cou et à une queue immenses. Un diplodocus mesurait jusqu'à 25 m et un dinosaure d'Amérique du Sud, *Argentinosaurus*, 30 m. Mais le plus long de tous les dinos faisait peut-être 50 m, la taille d'une piscine olympique ! Pour le moment, rien n'est certain, car on n'en a trouvé que quelques os.

35

Pourquoi les dragons des légendes ressemblent-ils à des dinosaures ?

Les dragons ont été inventés avant la découverte des dinosaures. Ils étaient inspirés par des animaux réels : des reptiles. Un dragon est un reptile au corps très allongé, un serpent à pattes ou un lézard géant, parfois muni d'ailes de chauve-souris. Les dinosaures sont aussi des reptiles : il est donc normal qu'il y ait une ressemblance entre eux. À l'inverse, on dessine souvent des dinosaures aux allures de dragon !

Les dinosaures de la même espèce se battaient-ils entre eux ?

36

Des poissons aux mammifères, les membres de la même espèce ont souvent l'occasion de se bousculer ou de se battre, pour manger en premier, par exemple, ou encore pour écarter un rival amoureux. Les dinosaures ne faisaient pas mieux, et, si, parfois, les combats finissaient mal, par une chute ou des morsures mortelles, cela devait être rare, comme chez les animaux actuels.

Pourquoi une seule météorite a-t-elle tué tous les dinosaures ?

37

Parce qu'elle était énorme ! Elle faisait probablement plus de 15 km de diamètre : c'était comme une montagne tombant à toute vitesse sur la Terre. Le choc a dû secouer notre planète, réveillant des volcans, faisant naître des tremblements de terre et refroidissant le climat. Tout cela n'a pas tué que les dinosaures : environ la moitié de toutes les espèces animales et végétales ont disparu en même temps.

38

Pourquoi les dinosaures étaient-ils si méchants ?

La plupart des dinosaures ne devaient pas être plus méchants que les éléphants ou les gazelles d'aujourd'hui. Certains se fâchaient lorsqu'on les dérangeait, comme le font les rhinocéros actuels. Quant aux tyrannosaures et autres carnivores, ils n'étaient pas plus méchants que des crocodiles : ils ne devenaient vraiment dangereux que lorsqu'ils avaient faim.

Pourquoi le stégosaure avait-il des plaques sur le dos ?

39

Les grandes plaques du dos du stégosaure sont encore des sujets de disputes entre scientifiques. L'explication la moins contestée aujourd'hui est qu'elles permettaient au sang qui les parcourait de se refroidir, évitant ainsi à l'animal de trop s'échauffer. Mais elles servaient peut-être aussi à impressionner les carnivores ou à se faire reconnaître des autres stégosaures.

Depuis quand connaît-on les dinosaures ?

40

Autrefois, on découvrait, de temps en temps, des os de dinosaures, en pensant qu'il s'agissait de ceux de créatures fantastiques, ogres ou dragons. Ce n'est qu'au XIXe siècle, il y a bientôt 200 ans, qu'on a commencé à décrire et à nommer les premiers dinosaures.

Y avait-il des dinosaures dans les mers ?

41

Les dinosaures étaient tous des animaux terrestres. Certains vivaient dans les marais ou attrapaient des poissons dans les rivières, mais aucun n'était marin. Il y avait d'autres reptiles dans les mers : des ichtyosaures semblables à de gros poissons, des plésiosaures au long cou et des pliosaures au grand museau.

Quel dinosaure était le plus léger ?

42

Les plus petits dinosaures étaient aussi les plus légers : ils pesaient à peine plus lourd qu'un hamster. Au moins deux auraient pu remporter le prix de la légèreté : *Parvicursor*, 160 g d'os et de muscles, et *Epidexipteryx*, même poids, mais qui avait de longues plumes et volait !

Y avait-il des lézards et des serpents au temps des dinosaures ?

Les tout premiers reptiles, apparus avant les dinosaures, ressemblaient à des lézards. Mais les véritables origines des lézards que nous connaissons aujourd'hui remontent à la première période des dinosaures, il y a environ 200 millions d'années. Les serpents sont plus « jeunes » : 45 millions d'années. Ainsi, les premiers serpents n'ont pas connu les dinosaures.

43

Quels dinosaures pouvaient s'attaquer à un diplodocus ?

44

Au temps des diplodocus, durant le jurassique, il n'y avait pas encore de tyrannosaures tels que le célèbre T-Rex. Mais de grands carnivores chassaient les diplodocus et les autres herbivores géants. Les allosaures, qui avaient l'allure d'un T-Rex, sans être aussi grands, faisaient tout de même 10 m de long et se mettaient sûrement à plusieurs pour attaquer un diplodocus de 20 m.

Trouver des dinosaures

Pour trouver des dinosaures, il faut faire des fouilles : creuser la terre et chercher des fossiles, c'est-à-dire des os de dinosaures transformés en pierre. Il faut fouiller délicatement, pour ne pas abîmer les précieux squelettes !

Réponses en page 100.

1. Qu'est-ce qu'on ne retrouve jamais sous la forme de fossiles : les empreintes de pas, les crottes ou les couleurs de la peau ?

2. Comment appelle-t-on ceux qui étudient les fossiles : « fossilogistes », « paléontologues » ou « physiciens » ?

3. Remets dans l'ordre les trois périodes des dinosaures : crétacé, trias et jurassique.

Les dinosaures herbivores vivaient-ils en troupeaux ?

45

On a retrouvé des empreintes de pas de dinosaures herbivores qui montrent que ces animaux se déplaçaient en troupeaux, comme aujourd'hui les zèbres et les buffles dans la savane. Les empreintes indiquent aussi que des espèces différentes pouvaient se regrouper : on se sent plus en sécurité quand on est nombreux.

Le monstre du loch Ness est-il un descendant des dinosaures ?

46

Le loch Ness est un lac d'Écosse dans lequel vivrait un grand animal au long cou. Ce ne peut pas être un descendant aquatique des dinosaures, car ils ont toujours été terrestres, mais plutôt celui d'un plésiosaure, animal marin contemporain des dinosaures. Cependant, l'hypothèse la plus probable est que le monstre du loch Ness n'existe pas !

Les dinosaures dormaient-ils debout ou couchés ?

Les plus grands herbivores étaient si lourds qu'ils ne pouvaient pas se permettre de se coucher, au risque d'être surpris par des prédateurs sans avoir le temps de se relever. Leurs pattes massives comme les colonnes d'un temple devaient bien les soutenir pendant qu'ils somnolaient debout. On imagine que les tyrannosaures dormaient accroupis, mais on sait que leurs petits bras étaient assez forts pour les aider à se relever s'ils se couchaient. Enfin, on est sûr que les plus petits dinosaures se couchaient en se recroquevillant, car on a retrouvé des fossiles dans cette position.

Le tyrannosaure était-il le plus gros carnivore ?

Aussi long qu'un autobus (13 m) et trois fois plus haut qu'un homme (5 ou 6 m), le tyrannosaure avait des dents comme des poignards, mais ce n'était pas le plus grand des dinosaures carnivores. D'autres dinosaures de la même époque pouvaient rivaliser avec lui, et l'un d'entre eux, le spinosaure, le dépassait sûrement en longueur. Ce monstre avait une gueule de crocodile et des bras plus longs, mais il a vécu 30 millions d'années plus tôt.

Comment sait-on à quoi ressemblaient les dinosaures ?

Quand on retrouve des squelettes complets, ou presque, on en déduit à quoi les animaux ressemblaient lorsqu'il y avait des muscles et de la peau autour. Cette projection se fait à l'aide d'ordinateurs et en comparant avec des animaux actuels, avec des dinosaures déjà connus, avec d'autres indices fossiles... et en faisant marcher notre imagination.

49

Quel dinosaure courait le plus vite ?

50

Les dinosaures les plus rapides couraient sur deux pattes, comme le vélociraptor, qui était plus petit mais bien plus leste qu'un sprinter humain. *Compsognathus*, encore plus petit, devait courir plus vite qu'un cheval : jusqu'à 65 km/h. Mais les champions de vitesse étaient les dinosaures autruches, plus grands qu'un homme et très hauts sur pattes, qui dépassaient 70 km/h.

Les premiers oiseaux étaient-ils des dinosaures à plumes ?

51

Il y a d'abord eu des dinosaures avec des plumes, qui ne savaient pas voler ou qui volaient très mal, puis sont apparus de vrais oiseaux, qui volaient bien mieux. Ainsi, les premiers oiseaux, même s'ils descendaient de dinosaures, n'en étaient pas.

Le brachiosaure était-il plus haut qu'une girafe ?

52

Sachant que les plus grandes girafes atteignent 5,5 m de haut et qu'un brachiosaure devait dépasser 12 m, il n'était pas plus haut qu'une girafe, mais plus haut que... deux girafes ! Il pouvait peut-être aussi se surélever en se cabrant comme un cheval, malgré son poids de 50 tonnes.

Pourquoi le spinosaure s'appelle-t-il ainsi ?

53

Spinosaurus, le nom savant du spinosaure, signifie « reptile à épines ». En effet, les squelettes fossiles de ce grand carnivore à tête de crocodile ont de longues épines osseuses sur le dos, qui soutenaient sûrement une crête de peau, à moins qu'elles n'aient servi de support à une grosse bosse de graisse.

Les dinosaures avaient-ils des oreilles ?

Oui et non ! Non, parce qu'ils n'avaient pas d'oreilles externes, comme les reptiles actuels. Oui, parce que, dans leur tête, il y avait tout ce qu'il fallait pour entendre. C'est ce qu'on appelle « l'oreille interne », en contact avec l'extérieur par des tympans — un de chaque côté de la tête. Les sons faisaient vibrer leurs tympans, passaient par les os des mâchoires et du crâne, jusqu'aux oreilles internes, et les dinosaures entendaient !

55

Pourquoi dit-on que le jurassique était l'âge d'or des dinosaures ?

Le jurassique, qui a commencé il y a 200 millions d'années, a été une grande période pour les dinosaures, qui sont devenus de plus en plus nombreux, profitant de la chaleur du climat et de l'abondance de la nourriture. Au jurassique sont apparus les géants comme les brachiosaures et les grands carnivores tels que les allosaures. La période suivante, le crétacé, a eu aussi ses stars, comme les tyrannosaures et les tricératops, mais ses conditions étaient moins faciles, et elle s'est terminée par une catastrophe : la chute d'une météorite.

Pourquoi le tyrannosaure avait-il de si petits bras ?

56

Les bras du tyrannosaure paraissent minuscules par rapport à ses puissantes pattes arrière et à son énorme gueule, mais ils n'étaient pas sans force et devaient griffer méchamment. Pourtant, le tyrannosaure n'en avait besoin ni pour marcher – ce qu'il faisait fort bien sur deux pattes –, ni pour attraper des proies, car ses puissantes mâchoires étaient très efficaces. Ses bras ont dû rétrécir à mesure qu'il a évolué, car il en a eu de moins en moins besoin.

Pourquoi le stégosaure avait-il des cornes sur la queue ?

57

Pour beaucoup de dinosaures herbivores, la queue est un moyen de défense : celle du diplodocus claquait comme un fouet, celle de l'ankylosaure se terminait par une lourde massue et celle du stégosaure portait deux paires de piques dures et aiguisées, qui pouvaient tuer un allosaure.

58

Pourquoi parle-t-on du « règne des dinosaures » ?

Durant la longue période de leur présence, les dinosaures ont occupé tous les milieux terrestres et mangé toutes sortes de proies et de plantes. Petits ou grands, ils étaient partout. Certains faisaient trembler le sol et d'autres semaient la peur : les dinosaures ont donc régné sur la Terre !

Les plus gros dinos avaient-ils des plumes ?

59

On découvre tant de dinosaures à plumes (surtout dans le groupe de carnivores auquel appartiennent les tyrannosaures) qu'on peut raisonnablement se demander si ces géants n'en avaient pas eux aussi. Justement : on a trouvé, en Chine, un fossile de tyrannosaure avec des petites plumes. Imagine le monstrueux poussin que cela devait être !

60

Les dinosaures avaient-ils une bonne vue ?

Les grands prédateurs comme les allosaures et les tyrannosaures avaient les yeux orientés vers l'avant – ce qui favorisait une bonne vision, avec perception du relief. Leurs proies n'avaient pas cet avantage, mais elles compensaient par l'audition et l'odorat.

Pourquoi dit-on que les oiseaux descendent des dinosaures ?

61

Les oiseaux ont un lien de parenté avec certains dinosaures carnivores, qui avaient eux-mêmes des plumes. Les premiers de ces dinosaures à plumes vivaient au jurassique, il y a 150 millions d'années, et ils sont devenus de plus en plus nombreux. Assez rapidement, de vrais oiseaux sont apparus parmi eux et, comme leurs parents dinosaures, certains avaient encore des dents !

Y avait-il beaucoup de grands dinosaures carnivores ?

62

On pourrait penser qu'il y avait plus de mangeurs de plantes que de grands carnivores, car c'est ce qu'on observe aujourd'hui dans la savane africaine, où les antilopes et les zèbres sont bien plus nombreux que les lions. Mais, dans certaines régions, on trouve plus d'os et de dents de dinosaures carnivores que d'herbivores ! Il est difficile d'expliquer pourquoi, mais cela indique qu'il devait y avoir beaucoup de grands dinosaures carnivores, qui ne s'attaquaient pas qu'à d'autres dinosaures, mais à toutes sortes d'animaux, des poissons aux mammifères.

Reptiles des airs et des mers

Les dinosaures étaient des animaux terrestres. Dans les mers, il y avait d'autres reptiles, qui respiraient l'air en surface, comme les dauphins aujourd'hui. Dans les airs, encore des reptiles : les ptérosaures ! Ils n'avaient pas de plumes, mais volaient sûrement très bien.

1. Combien de ptérosaures comptes-tu sur cette image ?

Réponses en page 100.

2. Quels poissons vois-tu dans la mer ? Combien y a-t-il de reptiles marins ?

3. Comment appelle-t-on les animaux à tentacules, avec ou sans coquille, qui nagent dans la mer : des « céphalopodes », des « crustacés » ou des « sirènes » ?

Pourquoi l'iguanodon avait-il une pointe sur chaque main ?

63

Pesant 3 ou 4 tonnes, pour une dizaine de mètres de longueur, l'iguanodon avait des mains très particulières, avec trois gros doigts sur lesquels il prenait appui lorsqu'il marchait à quatre pattes, un quatrième doigt plus fin pour attraper le feuillage qu'il mangeait, et puis un drôle de pouce ! Ce cinquième doigt se réduisait à une griffe épaisse et taillée en pointe, de 20 cm de long, qui lui servait de poignard contre ses prédateurs.

Comment fait-on pour reconstituer les dinosaures ?

64

Il faut d'abord assembler les os sans se tromper et en tenant compte de ceux qui manquent. Ensuite, on observe les marques des muscles sur les os et on en déduit leur forme et leur épaisseur. Mais nos connaissances évoluent : à la fin des années 1980, on s'est aperçu que les dinosaures étaient plus vifs et avaient des formes plus équilibrées qu'on ne le pensait. Il a fallu changer toutes les reconstitutions !

Quelle taille faisait le plus petit des dinosaures ?

65

Le plus ancien candidat au titre de « champion des minus » se nomme *Compsognathus*, un coureur de la taille d'un poulet : il mesurait 1 m du museau au bout de sa longue queue. Mais un autre coureur lui a ravi la vedette : *Parvicursor*, 39 cm, queue comprise ! Son rival à plumes, *Microraptor*, est à peine plus long. Tous les trois sont d'authentiques dinosaures.

Les herbivores avaient-ils des sabots ?

66

Un sabot est un ongle si gros qu'il recouvre et protège le doigt. Les dinosaures avaient des ongles, généralement en forme de griffes, mais qui étaient épaissis chez les gros herbivores. Sur les squelettes d'iguanodons, des dinosaures herbivores qui pesaient aussi lourd qu'un éléphant et marchaient surtout sur deux pattes, les ongles sont si développés qu'on peut vraiment parler de « sabots ».

Les dinosaures vivaient-ils longtemps ?

67

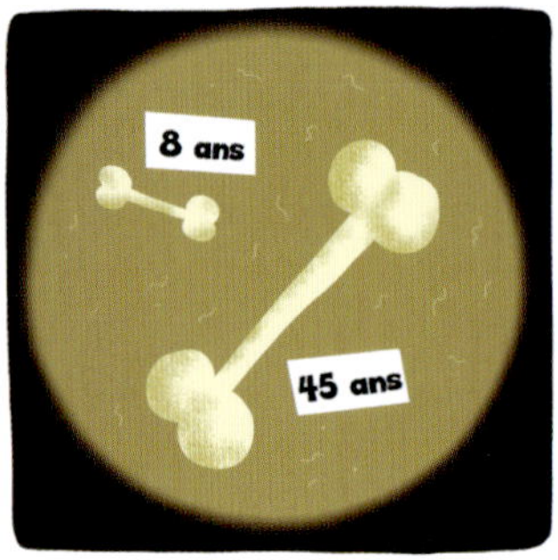

On peut déterminer l'âge des dinosaures en regardant leurs os au microscope. Les plus petits vivaient sûrement moins de 10 ans, mais les géants atteignaient au moins 50 ans. Ce n'est pas extraordinaire, quand on sait qu'un crocodile peut dépasser 70 ans.

Si les dinosaures n'avaient pas disparu, aurions-nous quand même existé ?

68

Peut-être pas ! Les dinosaures occupaient si bien le terrain que les premiers mammifères, nos lointains parents, ne pouvaient se diversifier. Ils n'ont fini par le faire qu'après la disparition de leurs encombrants voisins. Si ce n'était pas arrivé, des dinosaures iraient peut-être à l'école et au cinéma à notre place !

Pourquoi le vélociraptor avait-il deux griffes plus grosses que les autres ?

69

Chez le vélociraptor, sur chacune des deux pattes arrière, l'un des doigts, toujours dressé, comporte une grande griffe d'une dizaine de centimètres de long. C'était une arme puissante, qui permettait au vélociraptor de blesser mortellement des proies plus grosses que lui.

70

Pourquoi n'y avait-il pas de dinosaures poilus ?

Poils et plumes ont la même origine : les écailles de reptiles. Mais les ancêtres des mammifères se sont séparés de ceux des dinosaures avant que les transformations des écailles en poils ou en plumes se soient produites. Les poils sont apparus dans la lignée des mammifères et les plumes dans celle des dinosaures carnivores, d'où sont originaires les oiseaux.

Comment s'appelle le plus lourd des dinosaures ?

71

On a découvert, en Amérique, des os de 2 ou 3 m de long ayant appartenu à des dinosaures vraiment gigantesques. Même si on n'a pas trouvé de squelettes entiers, on a évalué leurs poids : *Argentinosaurus*, 50 t (tonnes) ; sauroposéidon, 60 t ; *Amphicoelias*, 80 t et *Bruhathkayosaurus*, 120 t. On dirait que plus leur nom est compliqué et plus ils étaient lourds !

Comment les dinosaures couvaient-ils sans écraser leurs œufs ?

72

Quand on pèse plus lourd qu'un hippopotame, on préfère ne pas s'asseoir sur ses œufs ! Heureusement, il y a des solutions moins risquées pour maintenir sa ponte au chaud. La première, c'est de pondre dans une région chaude. Mais, même dans des régions plus fraîches, les dinosaures pouvaient recouvrir leurs pontes de débris de plantes qui, en se décomposant, produisaient un peu de chaleur.

Les dinosaures craignaient-ils le froid ?

73

Si les dinosaures étaient comme les reptiles d'aujourd'hui, incapables de maintenir constante la température de leur corps, alors, oui, ils craignaient le froid. Il fallait qu'ils se mettent à l'abri en attendant que le temps se réchauffe. Mais les scientifiques pensent que les dinosaures avaient une température constante – ce qui les rendait plus résistants contre le froid. Et certains étaient couverts de petites plumes, qui les protégeaient bien !

Les dinosaures savaient-ils nager ?

74

D'abord, il faut se rappeler qu'il n'y avait pas de dinosaures marins. Ensuite, pour nager dans une rivière ou un lac, il faut déjà ne plus avoir pied — ce qui n'arrivait guère à des animaux dont la tête était à 5, 10 ou 15 m du sol ! Quant aux dinosaures moyens et petits, ils savaient probablement nager, comme les lézards et les serpents actuels.

Pourquoi le diplodocus avait-il une si longue queue ?

75

Le diplodocus était un géant tout en longueur : ce dinosaure atteignait 25 m, dont 10 m rien que pour la queue ! Elle devait se dresser et se balancer lorsqu'il marchait, pour l'aider à garder l'équilibre. C'était aussi, certainement, une arme pour frapper les agresseurs, comme un gigantesque fouet.

Armures et cornes

Certains dinosaures carnivores comptaient sur leur vitesse et chassaient en bandes, alors que d'autres profitaient de leur taille gigantesque, mais tous étaient armés de dents pointues ! Face à eux, les proies choisissaient souvent la fuite, mais beaucoup avaient des cornes et des boucliers pour se défendre.

ANKYLOSAURUS

1. Quel pouvait être le poids d'un *Ankylosaurus* adulte : 500 kg, 1,5 t (tonne) ou 5 t ?

DASPLETOSAURUS TOROSUS

Les réponses se trouvent en page 100.

JIANGJUNOSAURUS

2. *Centrosaurus* était un parent du plus célèbre des herbivores à corne(s) ; comment se nomme celui-ci : « iguanodon », « tricératops » ou « *Carnotaurus* » ?

PACHYCEPHALOSAURUS

3. *Pachycephalosaurus* était un carnivore. Vrai ou faux ?

CENTROSAURUS

Pourquoi le tricératops avait-il un bec ?

76

Les dinosaures de la famille du tricératops n'étaient pas les seuls à avoir une gueule dépourvue de dents et transformée en un bec tranchant. Celui-ci servait à couper les plantes que le tricératops avalait, sans les mâcher, pour les expédier dans son énorme estomac. Il devait être utile, aussi, pour se défendre.

Pourquoi les dinosaures ont-ils souvent des rôles de méchants au cinéma ?

Beaucoup d'animaux dangereux, des araignées aux anacondas et des requins aux ours, ont été des personnages de cinéma ; pourquoi pas les dinosaures ? Mais ceux-ci n'ont pas tous des rôles de méchants : il y a les bons dinosaures (en général, les grands herbivores) et les mauvais (petits et grands carnivores).

77

Est-ce qu'il pouvait neiger au temps des dinosaures ?

78

Même si le climat général était chaud, il y avait des régions plus fraîches et, surtout, des montagnes sur lesquelles il neigeait. À la fin de l'ère des dinosaures, la neige est sûrement devenue plus fréquente.

À quelle hauteur se dressait le plus grand dinosaure ?

79

Si un brachiosaure adulte se promenait en ville de nos jours, il pourrait brouter les plantes vertes au 3e étage des immeubles. Mais d'autres géants étaient encore plus grands. Théoriquement, leur tête aurait pu atteindre le 6e étage (soit 18 m de hauteur), mais les savants se demandent s'ils pouvaient lever leur long cou à la verticale : leur cœur n'aurait peut-être pas été assez puissant pour envoyer le sang jusqu'à la tête.

Pourquoi le pachycéphalosaure avait-il la tête si dure ?

80

« Crâne épais », voilà ce que signifie le nom du pachycéphalosaure. En effet, les os du sommet de sa tête faisaient plus de 20 cm d'épaisseur, et ce crâne bombé était entouré de petites cornes pointues. Pour se défendre, le pachycéphalosaure devait sûrement foncer sur ses ennemis pour un « coup de boule » dévastateur !

Y a-t-il des bébés à l'intérieur des œufs qu'on découvre de nos jours ?

81

On découvre beaucoup de coquilles cassées, mais aussi des œufs entiers fossilisés, c'est-à-dire transformés en pierre. Il est rare que l'intérieur de tels œufs ait été préservé, mais on a tout de même trouvé des bébés dinosaures bien recroquevillés dans leur coquille depuis 80 millions d'années. On identifie aussi des os de bébés dinos dans les nids, à côté des coquilles cassées.

Les plus gros dinosaures pouvaient-ils courir ?

82

Malgré leurs grandes enjambées, les plus gros carnivores couraient moins vite qu'on pourrait croire : un allosaure ou un tyrannosaure devaient être aussi rapides qu'un coureur humain (30 km/h), mais bien plus lents qu'un lion (60 km/h). Quant aux herbivores qui allaient sur quatre pattes, ce n'étaient pas des escargots. Un tricératops de 10 t (tonnes) ou un diplodocus de 20 t en plein élan devaient être impressionnants. Mais on pense qu'un brachiosaure de 50 t était trop lourd pour courir : il n'aurait pu que marcher plus vite.

Quels dinosaures a-t-on découverts en premier ?

En 1820, un Britannique, Gideon Mantell, a étudié les os et les dents fossiles d'un grand animal, qu'il nomma « iguanodon » (« dent d'iguane »), mais que les savants ont d'abord refusé de considérer comme un reptile. En 1824, un autre Britannique, William Buckland, a annoncé que certains ossements trouvés en 1815 étaient ceux d'un reptile géant, *Megalosaurus*. Ce dinosaure est considéré comme le premier découvert, bien que l'iguanodon ait été nommé avant lui.

Les insectes ont-ils, eux aussi, des ancêtres préhistoriques ?

84

Des animaux aquatiques à carapace et aux pattes articulées ont donné naissance aux premiers insectes terrestres, il y a environ 350 millions d'années. Dans les grandes forêts qui couvraient les plaines marécageuses, les insectes primitifs ont atteint des records de taille, avec des libellules aux ailes aussi longues que celles d'un pigeon et des cafards plus gros qu'un rat !

Quel dinosaure était le plus lent ?

85

Les petits dinosaures étaient très vifs, et certains, comme le minuscule *Compsognathus*, couraient plus vite qu'un tyrannosaure. C'est donc chez les grosses bêtes qu'il faut chercher les champions de lenteur : les géants quadrupèdes, qui étaient peut-être trop lourds pour courir, et surtout, les dinosaures en armure tels que l'ankylosaure, couvert d'une lourde carapace et qui devait s'aplatir plutôt que fuir face à un prédateur.

Les plus féroces mangeaient-ils leurs petits ?

86

De nos jours, il arrive que des souris ou des hamsters mangent leurs petits ; c'est pourquoi l'on pense que c'était possible chez les dinosaures. On a cru avoir une preuve de cela en trouvant des fossiles de bébés dinosaures dans le corps d'un carnivore nommé *Cœlophysis*. Cependant, il ne s'agissait pas de petits de son espèce, mais d'autres dinosaures.

Quelle était la taille des plus grands reptiles volants ? 87

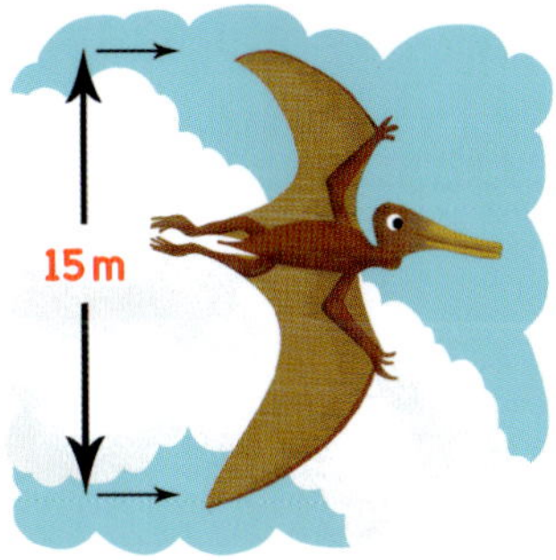

Les ptérosaures n'étaient pas des dinosaures, mais des reptiles ailés, qui savaient très bien voler. Le plus grand d'entre eux, baptisé *Quetzalcoatlus*, faisait 12 à 15 m d'envergure (du bout d'une aile à l'autre) : c'est la taille d'un petit avion !

Les œufs de dinos étaient-ils gros ? 88

Les dinosaures de plusieurs tonnes pondaient des œufs pas plus gros que ceux des autruches, qui, elles, ne pèsent que 80 kg. On a découvert des œufs de toutes tailles, selon les espèces – les plus gros ayant la taille d'un ballon de foot. Certains sont ronds, d'autres ovales comme ceux des poules.

89

Pourquoi y avait-il des dinosaures « à bec de canard » ?

Aucun dinosaure connu n'avait vraiment un « bec de canard », mais cette expression sert à qualifier les hadrosaures, à cause de leur museau aplati. Ces herbivores de taille moyenne (3 à 5 tonnes) étaient assez communs à la fin de l'ère des dinosaures, c'est-à-dire la fin du crétacé.

90

Quelle était la plus gentille des mamans dinosaures ?

Il s'agit sûrement d'un herbivore au museau aplati, un dinosaure « à bec de canard » du nom de *Maiasaura*. On a découvert, aux États-Unis, beaucoup de nids de *Maiasaura* et on sait que les adultes, au lieu d'abandonner leurs œufs comme la plupart des reptiles aujourd'hui, les surveillaient, puis s'occupaient des petits.

Comment connaît-on les couleurs des dinosaures ?

91

On ne les connaît pas : on les imagine ! Pour cela, on observe des reptiles actuels ou d'autres animaux, dont on pense que les modes de vie correspondent à ceux des dinosaures étudiés. On en déduit que tel dinosaure devait être plutôt gris ou vert, avec ou sans rayures... mais rien n'est sûr !

92

Les ptérodactyles avaient-ils des plumes ?

Les ptérodactyles étaient nombreux dans le ciel du jurassique. Ces reptiles volants n'avaient pas de plumes, mais on pense que leur peau était couverte de filaments ressemblant beaucoup à des poils de mammifères. Leur rôle était de les protéger du froid.

93

Entre l'apatosaure et le diplodocus, qui était le plus gros ?

Appelé aussi « brontosaure », l'apatosaure était plus gros que le diplodocus et pesait sûrement beaucoup plus lourd. Pourtant, le diplodocus était plus grand : il mesurait jusqu'à 25 m de long, contre un maximum de 20 m pour l'apatosaure, dont les os et les muscles étaient plus lourds.

94

Pourquoi dit-on qu'il y avait des « dinosaures autruches » ?

Parce que ces dinosaures au long cou devaient courir comme des autruches, avec leurs grandes pattes arrière. L'un des plus gros dinosaures autruches connus, *Gallimimus*, grignotait des feuilles et des petites bêtes dans les plaines de Mongolie, il y a 68 millions d'années. D'une hauteur de près de 3 m, il voyait venir de loin les prédateurs et filait plus vite qu'une autruche.

Des plumes et des oiseaux

ARCHÉOPTÉRYX

MICRORAPTOR

Aujourd'hui, seuls les oiseaux ont des plumes, mais ce n'était pas le cas du temps des dinosaures : le plumage de beaucoup d'entre eux les protégeait et les isolait du froid, tandis que certains s'en servaient pour sauter et voler. Parmi eux apparurent les premiers vrais oiseaux.

ICHTYORNIS

HESPERORNIS

Réponses en page 100.

CONFUCIUSORNIS

1. Combien de vrais oiseaux comptes-tu sur cette planche ?

CAUDIPTERYX

2. Quel est le plus ancien dinosaure à plumes représenté ici ?

3. Quels grands dinosaures avaient, eux aussi, probablement des plumes : les brachiosaures, les tyrannosaures ou les stégosaures ?

AVIMIMUS

OVIRAPTOR

Pourquoi dit-on que les dinosaures n'étaient pas très malins ?

95

Les dinosaures géants avaient un si petit cerveau par rapport au reste de leur corps qu'on a pensé qu'ils devaient être plutôt bêtes. Toutefois, on ne leur demandait pas de passer des examens, mais de survivre – ce qu'ils faisaient très bien ! Les carnivores avaient une plus grosse tête, et les petits chasseurs, tels que le troodon et le bambiraptor, étaient les mieux dotés en cervelle.

Quel dinosaure avait les plus longues griffes ?

96

Sans aucun doute, il s'agit du thérizinosaure, un dinosaure de taille moyenne (5 à 10 m de long), dont on connaît peu de choses à part ses griffes d'une longueur incroyable (plus de 70 cm : de vrais sabres !). Elles servaient peut-être à se défendre et à couper la végétation dont le thérizinosaure se nourrissait, ou bien à déloger les termites et d'autres insectes pour les manger.

Les hommes des cavernes craignaient-ils les dinosaures ?

97

Les hommes préhistoriques, qui ne vivaient pas tous dans des cavernes, devaient avoir peur de beaucoup de choses, comme des tempêtes et des grands fauves, mais ils ne craignaient pas les dinosaures ! En fait, ils ignoraient même leur existence, puisque les dinosaures avaient disparu depuis 60 millions d'années, lorsque apparurent les premiers membres de la famille humaine.

Pourquoi le tyrannosaure est-il si célèbre ?

98

Pendant longtemps, le tyrannosaure de l'espèce *Tyrannosaurus rex*, aussi appelé T-Rex, a été considéré comme le plus grand carnivore terrestre de tous les temps. Aujourd'hui, on sait que d'autres dinosaures auraient pu rivaliser avec lui ou même le battre, mais T-Rex est déjà passé dans la culture populaire du monde entier. Malgré (ou grâce à) sa gueule monstrueuse, c'est l'un des dinosaures les plus aimés des enfants.

Quels mammifères vivaient au temps des dinosaures ?

99

Pas de mammouths, ni de baleines au temps des dinosaures : les premiers mammifères étaient très petits et discrets ! Ils ne tenaient pas à se faire dévorer par les dinosaures. La plupart ressemblaient à des rats, et les plus gros avaient la taille d'un chat.

Pourquoi les dinosaures ont-ils des noms si étranges ?

100

Parce qu'ils ont disparu ! S'il y avait encore des dinosaures, on leur aurait donné des noms simples, comme ceux du lion et du cheval. Or, tout ce qui reste des dinosaures, ce sont des fossiles qu'étudient les savants. Et ceux-ci ont l'habitude de donner des noms en latin, longs et compliqués, mais que tous les savants du monde comprennent.

Les dinosaures mangeaient-ils du poisson ?

101

Beaucoup de dinosaures vivaient dans des régions de marécages et d'étangs riches en poissons. Les carnivores ne devaient pas s'interdire d'en ajouter à leur menu. Certains se sont même spécialisés dans la pêche, comme *Baryonyx*, dont les narines situées très en arrière de son long museau lui permettaient de respirer tout en plongeant le nez dans l'eau.

102

Pourquoi ne retrouve-t-on que les os des dinos ?

C'est faux ! On trouve aussi des empreintes d'écailles ou de pattes, des œufs, des plumes... mais il est vrai que l'on a collecté surtout des os et des dents. C'est parce qu'ils sont durs et qu'ils sont déjà imprégnés de minéraux, tels que le calcium, qu'on retrouve dans les roches : leur fossilisation, qui consiste en une transformation en roche, est facilitée.

Y avait-il des singes au temps des dinosaures ?

103

Malgré ce qu'on peut voir au cinéma, ni singes ni lémuriens n'existaient au temps des dinosaures. Les plus anciens représentants du groupe des primates (qui réunit les lémuriens, les singes et les humains) datent de 57 millions d'années : les dinosaures étaient déjà oubliés ! Les vrais singes sont apparus environ 12 millions d'années plus tard.

Pourquoi les vélociraptors chassaient-ils en bandes ?

Bien que très agressifs et armés de dents pointues et de griffes tranchantes, les vélociraptors étaient petits (1,20 m debout) et ne pesaient pas lourd (15 kg). C'est pourquoi ils chassaient en bandes, afin d'attaquer des dinosaures de taille moyenne ou des coureurs rapides, qu'il fallait encercler.

Pourquoi les plus gros dinosaures étaient-ils herbivores et pas carnivores ? 105

Pour les herbivores, être gros était un moyen de se protéger : un allosaure, carnivore de 1 t (tonne), ou même un gigantosaure de 8 t, ne faisaient pas le poids devant un brachiosaure ou un titanosaure de 40 t ou plus. Les carnivores n'avaient pas un besoin aussi vital d'être les plus gros, car ils pouvaient survivre en chassant des proies plus petites. Autre avantage : les plus gros herbivores digéraient mieux en emmagasinant de grandes quantités de plantes dans leur énorme ventre.

Combien de temps les dinosaures ont-ils occupé notre planète ?

106

Faisons le calcul : les premiers dinosaures sont apparus il y a 230 millions d'années et les derniers ont disparu il y a 65 millions d'années ; 230 moins 65, cela fait 165 ! 165 millions d'années, c'est difficile à imaginer, mais on peut comparer aux 2 petits millions d'années de présence de nos ancêtres humains.

Pourquoi certains dinosaures mangeaient-ils des cailloux ?

107

Les dinosaures herbivores ingurgitaient des végétaux difficiles à digérer, sans les mâcher. Mais ils avalaient aussi des cailloux, qui étaient malaxés dans l'estomac avec la nourriture et permettaient son broyage. Ainsi, en mangeant des pierres, les dinosaures digéraient mieux. Les poules et beaucoup d'oiseaux le font aussi.

La fin des dinosaures

La scène se passe il y a 65 millions d'années : un gros astéroïde vient de heurter la Terre. Une énorme explosion soulève un nuage qui recouvre la Terre, projette des roches enflammées et provoque des tsunamis. La planète entière en sera profondément perturbée... et les dinosaures n'y survivront pas.

1. Qu'est-ce qu'un astéroïde : un astre tournant autour du Soleil mais plus petit qu'une planète, ou un bloc rocheux tournant autour de la Terre et tombant parfois sur elle, ou encore un gros caillou jeté sur la Terre par des extraterrestres ?

Réponses en page 100.

2. Un autre phénomène aurait pu contribuer à faire disparaître les dinosaures : lequel ?

3. Quelle proportion de toutes les espèces vivantes a aussi disparu, en même temps que les dinosaures : un dixième, la moitié ou les trois quarts ?

Quel était le plus brutal des dinosaures carnivores ?

108

Une grosse tête au crâne très épais et deux cornes en os : *Carnotaurus*, le « taureau carnivore », était une brute. Les autres grands carnivores n'opéraient pas en douceur, mais *Carnotaurus* était peut-être le pire de tous, car il se servait de sa grosse tête comme d'un bouclier et fonçait sur ses proies pour les assommer et les renverser.

Les dinosaures protégeaient-ils leurs petits ?

109

Il y avait deux types de dinosaures : ceux qui pondaient quelque part et s'en allaient, et ceux qui restaient auprès de leur ponte jusqu'à l'éclosion. Il est clair que les premiers ne protégeaient pas du tout leurs petits, comme les tortues d'aujourd'hui. Ceux du second type, en revanche, surveillaient leur descendance jusqu'à ce qu'elle soit assez dégourdie.

Les mammifères descendent-ils de dinosaures poilus ?

110

Non, on ne connaît pas de dinosaures poilus, mais on sait que d'autres reptiles donnèrent naissance aux mammifères. Plus anciens que les premiers dinosaures, ils se tenaient bien droits sur leurs quatre pattes, comme les mammifères, et certains avaient déjà des poils.

111

Pourquoi certains dinosaures avaient-ils une crête ?

Les crêtes de dinosaures que l'on connaît ne sont pas des crêtes de coqs : elles sont faites d'os. C'étaient sûrement des ornements pour séduire ou pour paraître plus grand. *Oviraptor*, pas plus haut qu'un enfant, en avait une sur le front. *Dilophosaurus*, beaucoup plus gros, était muni d'une double crête. Quant à celle de *Parasaurolophus*, elle partait de son nez et s'élançait vers l'arrière, comme une chevelure passée au gel à fixation extra-forte !

Pourquoi les dinosaures sont-ils différents des autres animaux ?

112

Il y a au moins trois raisons. D'abord, parce que de nombreux dinosaures étaient extraordinaires, par leur taille ou par leur allure féroce. Ensuite, parce qu'aucun groupe d'animaux n'a dominé la Terre aussi longtemps qu'eux. Enfin, parce que beaucoup d'enfants les adorent !

Pourquoi l'ankylosaure avait-il une grosse boule au bout de la queue ?

113

Ce dinosaure en armure était couvert de plaques dures et avait quatre cornes sur la tête. Mais son arme la plus redoutable était une lourde boule d'os au bout de sa queue. Il devait s'aplatir au sol pour protéger son ventre et lancer cette masse sur ses agresseurs : un vrai « casse-tête » !

Les premiers dinos étaient-ils déjà gros ?

114

Les premiers dinosaures n'étaient pas les plus gros animaux de leur époque. Il y a 230 millions d'années, l'éoraptor, l'un des plus anciens dinosaures, n'était pas plus grand qu'un chien. Mais il savait se dresser sur ses pattes arrière et se tenir debout : il paraissait alors un peu plus grand.

115

Quels dinosaures étaient les moins bêtes ?

Ce n'étaient pas les plus gros herbivores, au cerveau ridicule, ni les grands carnivores, pourtant mieux dotés, mais de petits carnivores. Celui que l'on considère comme le moins bête se nomme « troodon ». Il mesurait à peine 2 m, queue comprise, mais il avait une tête bien faite et de grands yeux – signe qu'il chassait la nuit.

Certains dinosaures vivaient-ils dans les régions polaires ?

116

Les dinosaures les plus proches des Pôles que l'on connaisse ont été découverts dans le Sud de l'Australie. Il faut savoir qu'à leur époque, il y a 100 millions d'années, l'Australie était bien près du pôle Sud, car, depuis, les continents ont dérivé. Même si le climat de la Terre était plus chaud qu'aujourd'hui, ces dinosaures devaient affronter des périodes très froides au cours de l'année.

Combien de poids pouvait prendre un gros dinosaure par jour ?

117

Un bébé de dinosaures géants mesurait à peine 1 m de long, mais il grandissait très vite, pour atteindre, en quelques années, un poids et une taille suffisants pour décourager les carnivores. Les spécialistes pensent, aujourd'hui, que le poids d'un jeune diplodocus ou d'un *Argentinosaurus* pouvait augmenter de 50 kg par jour : cela faisait presque 2 tonnes par an !

Les dinosaures avaient-ils le sang chaud ?

118

Tous les animaux peuvent avoir le « sang chaud » : s'ils sont très actifs ou si la température extérieure est élevée. En réalité, cette expression signifie que la température du corps est constante, comme chez les mammifères et les oiseaux. En ce qui concerne les dinosaures, c'est fort possible, mais on manque encore d'indices clairs. Il se pourrait, en fait, qu'ils aient contrôlé leur température différemment.

Comment était le monde au temps des dinosaures ?

119

Le monde des dinosaures était bien différent de celui que nous connaissons. Il faisait chaud ; les hautes montagnes des Alpes et de l'Himalaya n'existaient pas encore ; et les plaines étaient, en grande partie, couvertes de marécages. Les arbres des forêts n'étaient pas du tout les mêmes qu'aujourd'hui et il y avait très peu de fleurs.

Quel est le plus ancien de tous les dinosaures ?

120

On a cru longtemps que c'était l'éoraptor, apparu il y a 230 millions d'années, mais on a trouvé des dinosaures encore plus anciens. Le record actuel est détenu par un dinosaure africain : 243 millions d'années ! Cet ancêtre n'était pas bien grand (2 m de long, queue comprise), mais il se tenait déjà debout, en tendant sa queue vers l'arrière pour garder l'équilibre.

Pourquoi les dinosaures pondaient-ils des œufs ?

121

Il y a une raison très simple : parce que les dinosaures étaient des reptiles. Tous les reptiles pondent des œufs, dans lesquels l'embryon se développe en puisant les réserves de nourriture à sa disposition.

Que veut dire le mot dinosaure ?

122

Les dinosaures ont été nommés ainsi en 1841 par le paléontologue britannique Richard Owen à partir de deux mots grecs : *deinos*, qui signifie « terrible », et *saura*, « lézard ». Les dinosaures sont des lézards terribles.

123

Quelle taille faisait un bébé brachiosaure ?

Les petits brachiosaures étaient minuscules par rapport à leurs parents de 25 m de long, hauts comme des immeubles de 3 étages. On pense qu'ils mesuraient moins de 1 m à la naissance ! Mais ils grandissaient vite.

Faisait-il plus chaud au temps des dinosaures ?

Au début de l'histoire des dinosaures, il semble que les températures étaient douces dans le monde entier, mais il ne devait pas faire plus chaud qu'au Brésil aujourd'hui. Ensuite, le climat a changé et les dinosaures de certaines régions ont dû affronter des hivers assez froids.

Les tyrannosaures chassaient-ils en bandes ?

125

Les lionnes et les loups chassent en groupes : les dinosaures carnivores faisaient de même. Il est probable que les petits *Compsognathus* et les vélociraptors s'attaquaient en bandes à des proies plus grosses qu'eux. Les allosaures et les jeunes tyrannosaures devaient chasser de cette façon. Mais un tyrannosaure adulte n'avait sûrement pas besoin d'aide : son odorat lui indiquait précisément où se trouvaient ses proies et, si elles lui échappaient, il volait celles d'autres chasseurs ou se contentait de charognes.

Après les dinos

Où les premiers hommes sont-ils apparus ?

L'espèce humaine a pour origine l'Afrique, où elle est née il y a plus de 100 000 ans. Notre proche cousin, l'homme de Neandertal, n'était pas africain, mais européen. Avant lui, il y eut plusieurs autres espèces de la famille humaine. Leur histoire, qui est aussi la nôtre, a commencé il y a plus de 6 millions d'années, c'est-à-dire bien longtemps après la disparition des derniers dinosaures.

Pourquoi l'homme de Neandertal a-t-il disparu ?

Il y a 40 000 ans, l'homme de Cro-Magnon, notre ancêtre, s'installait en Europe et en Asie, mais trouvait sur place une autre branche de l'espèce humaine, plus ancienne : l'homme de Neandertal. 12 000 ans plus tard, celui-ci avait disparu. Il est possible qu'il y ait eu, par endroits, une lutte entre les deux populations et, ailleurs, une fusion de celles-ci, l'homme de Neandertal se fondant dans notre lignée, plus nombreuse.

Pourquoi le mégacéros avait-il de si grandes cornes ?

Malgré son nom, qui signifie « grandes cornes », le mégacéros n'était pas un dinosaure, mais un très grand cerf qui vivait en Europe il y a 20 000 ans. Il était plus haut qu'un cheval, et les bois du mâle mesuraient jusqu'à 3,5 m d'envergure (d'un bout à l'autre). Une telle ramure lui permettait de se défendre contre les prédateurs et d'impressionner les biches.

Des animaux actuels vivaient-ils déjà durant les périodes glaciaires ?

La dernière glaciation s'est achevée il y a 12 000 ans en Europe : le climat est devenu tempéré, comme celui d'aujourd'hui. Les dinosaures avaient disparu depuis très longtemps, mais d'autres espèces s'éteignirent à cette époque (ou quelques millénaires après) : les mammouths, les rhinocéros laineux, les mégacéros... Pourtant, il y avait aussi des animaux actuels, comme le renne et le bœuf musqué, qui vivent depuis dans les régions polaires, où le climat est encore glaciaire.

Pourquoi les mammouths ont-ils disparu ?

Durant les périodes glaciaires, les mammouths laineux parcouraient les plaines d'Europe, d'Asie et d'Amérique du Nord. Ils ont disparu il y a environ 10 000 ans, lorsque le réchauffement du climat a éliminé la végétation de la toundra, dont ils se nourrissaient. Quelques troupeaux ont survécu encore plusieurs milliers d'années dans le cœur glacé de la Sibérie.

Pourquoi les hommes préhistoriques dessinaient-ils dans les cavernes ?

Les plus anciens dessins et peintures des grottes préhistoriques ont plus de 30 000 ans. La plupart représentent des animaux ; c'est pourquoi on a supposé que les hommes croyaient en un pouvoir magique de ces images, donnant de la force aux chasseurs. Mais les spécialistes ne sont pas d'accord à ce sujet.

Est-ce vrai qu'il y avait des rhinocéros en Europe durant l'âge de glace ?

Des rhinocéros laineux, très proches de ceux qui vivent aujourd'hui en Afrique, ont parcouru les plaines enneigées d'Europe. L'adjectif *laineux* fait référence à leur épaisse toison. La plus longue de leurs deux cornes mesurait jusqu'à 1,30 m.

Les premières baleines mangeaient-elles de petits poissons ?

Nommée *Basilosaurus*, la première grande baleine n'avait pas de fanons (des lames allongées qui retiennent les petits poissons et crustacés que mangent les baleines actuelles), mais des dents qui permettaient d'attraper de grosses proies. Avec ses 20 m de long, *Basilosaurus* n'allait pas se contenter de capturer quelques petits poissons !

Quel a été le plus gros mammifère carnivore terrestre ?

5 m de long, presque 2 m de hauteur aux épaules et une énorme tête aux mâchoires de crocodile : *Andrewsarchus* était deux fois plus gros qu'un tigre. Il semait la terreur dans les plaines d'Asie, 25 millions d'années après les tyrannosaures.

Stylo en main !

Labyrinthes, rébus, points à relier, grilles de mots, observation… Amuse-toi à faire tous ces jeux en écrivant directement les réponses sur le papier-ardoise. Tu pourras, ensuite, effacer et recommencer autant de fois que tu le voudras !

Nom d'un dino !

Cinq noms de dinosaures sont cachés dans la grille. Retrouve-les vite !

T	A	Q	I	T	H	P	M	A	V	O	S
Y	S	R	E	F	X	B	F	T	E	U	I
R	O	T	P	A	R	I	V	O	R	S	G
A	L	U	C	G	N	U	Y	U	U	T	U
N	M	I	D	H	V	E	A	C	J	G	A
N	B	O	U	T	J	T	O	I	D	I	N
O	D	O	Y	P	O	D	B	F	D	Y	O
S	J	R	U	N	O	S	J	N	T	S	D
A	X	U	R	L	V	L	O	H	R	C	O
U	O	A	P	A	M	V	G	J	Y	E	N
R	C	I	F	H	L	U	R	U	S	D	Y
E	D	G	U	T	N	Z	S	I	M	X	O

- **Diplodocus**
- **Tyrannosaure**
- **Oviraptor**
- **Iguanodon**
- ***Carnotaurus***

Solutions p. 98

Aïe, aïe, aïe !

Relie les points de 1 à 45 et tu sauras pourquoi ce petit poisson a si peur !

Action !

Barre les lettres que tu rencontres au moins trois fois, puis écris, dans l'ordre, celles qui restent. Tu obtiendras le nom du plus célèbre film de dinosaures !

J	B	G	M	D	N	E	E	T	L
U	H	B	O	N	Q	O	V	Y	R
V	A	D	Y	S	Z	G	S	Q	I
C	Z	E	F	Y	L	V	M	H	B
D	N	F	P	E	T	V	Q	G	M
B	N	Z	A	Y	L	F	R	L	H
F	T	M	T	O	H	G	Q	K	O

→ _ _ _ _ _ _ _ _   _ _ _ _

Solutions p. 98

Bandes de dinos

Cette scène a été mélangée ! Peux-tu la remettre dans le bon ordre ?

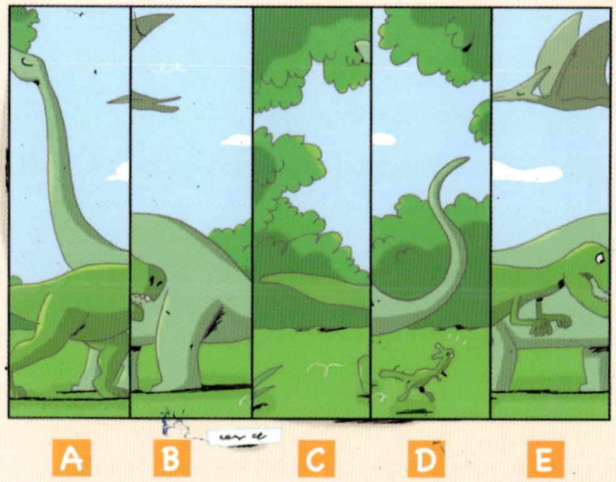

Aide-toi des dessins pour retrouver les noms de tous ces dinosaures.

Mots fléchés

Solutions p. 98

Quelle découverte !

Barre les lettres que tu rencontres au moins trois fois, puis écris, dans l'ordre, celles qui restent. Tu obtiendras le nom du premier homme ayant découvert un os de dinosaure !

B	R	G	H	S	C	J	K	H	R
Q	I	K	P	P	W	X	V	X	U
F	W	D	S	E	B	O	N	U	F
Q	X	J	V	Q	J	M	V	A	S
B	F	C	U	B	Q	V	N	K	P
F	S	U	H	P	C	K	R	T	X
W	R	J	H	W	C	E	S	L	L

➜ _ _ _ _ _ _   _ _ _ _ _ _ _

Le jeu des différences

Sept détails différencient ces deux images : à toi de les trouver !

Solutions p. 98

Dino-chiffres

Relie les points de 1 à 87 et tu verras à quoi ressemblait un tricératops !

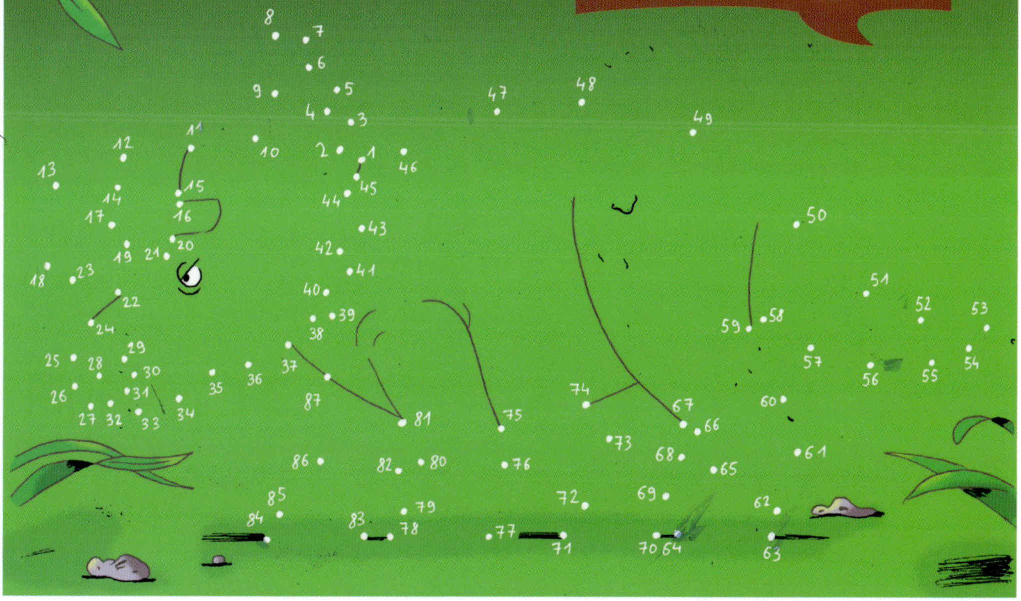

Casse-croûte

Résous le rébus et tu sauras ce que dit ce brachiosaure.

Solutions p. 98

Pas si simple !

Aide ce ptéranodon à accéder à son garde-manger !

Remue-méninges

Un astéroïde est tombé sur les noms des dinosaures. Remets-les dans le bon ordre ! Parfois, une lettre-indice rouge est là pour t'aider.

S	O	P	A	T	R	C	I	E	R	T
			C						P	

Y	A	N	O	T	R	U	A	S	E	N	R
	Y			N							

A	E	R	U	S	A	O	Y	K	L	N
	N		Y							

G	O	S	E	R	E	A	U	S	T
S			G						

D	P	S	U	D	C	O	I	L	O
		P							S

Solutions p. 98

Beau métier !

Résous le rébus et tu connaîtras le métier de ceux qui étudient les fossiles de dinosaures.

Lettre à lettre

Écris la première lettre de chaque objet dans la case correspondante et tu connaîtras le nom de ce petit dinosaure.

1	2	3	4	5	6	7	8	9	10	11	12	13

Solutions p. 98

Un dino pour le goûter !

Que dit un tyrannosaure à un tricératops ? Déchiffre ce code secret pour le savoir !

>	£	O	&	#	X	+	?	%
T	S	Q	E	C	R	O	U	A

>	?		&	£		%

#	X	+	O	?	&	X

À l'aide !

Ce bébé diplodocus a perdu sa maman. Guide-le à travers le labyrinthe pour qu'il la retrouve.

Solutions p. 98

Ça bulle !

Classe ces bulles de la plus petite à la plus grande et tu connaîtras le nom de ce reptile marin.

L'ombre-mystère

Retrouve la bonne ombre de ce dimétrodon.

Solutions p. 99

Sauve qui peut !

Aide ce tyrannosaure à attraper son déjeuner !

Compte de dino

Relie les points de 1 à 108 et tu sauras à quoi ressemblait *Parasaurolophus*.

Solutions p. 99

Dino méchant

1	2	3	4	5	6	7	8	9	10	11

Écris la première lettre de chaque objet dans la case correspondante et tu connaîtras le nom de ce dinosaure.

Géant !

Résous le rébus et tu sauras combien mesure cet alamosaure.

Solutions p. 99

Qui est là ?

Colorie uniquement les formes qui contiennent un carré et tu sauras pourquoi ce petit dinosaure a peur !

Solutions p. 99

Os secours !

Retrouve les mots en rapport avec les découvertes scientifiques !

A	E	R	H	C	M	O	I
	A						

E	N	S	E	O	S	M	T
O							

S	I	S	L	E	O	F
F						

E	T	U	S	Q	L	T	E	E
	Q							

G	E	U	L	O	T	O	N	E	O	L	A	P
										G		

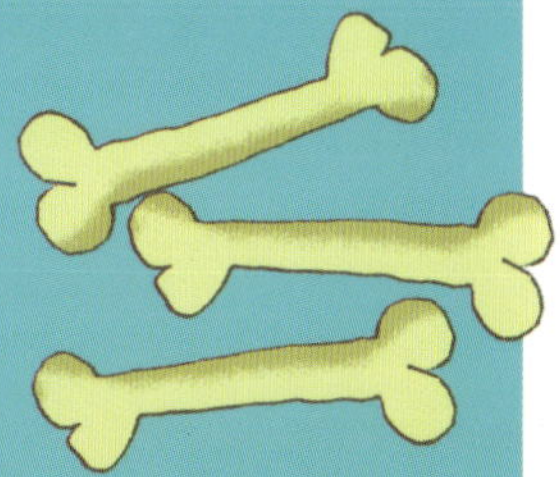

Classe ces œufs du plus petit au plus grand et tu connaîtras le nom de ce petit dinosaure.

Qui suis-je ?

Solutions p. 99

Dino 107

Relie les points de 1 à 107 et tu verras à quoi ressemblait un stégosaure !

Cache-cache dino

Retrouve la bonne ombre de ce vélociraptor.

Solutions p. 99

Dino à crête

Résous le rébus et tu connaîtras le nom de ce dinosaure !

À pleines dents

Écris la première lettre de chaque objet dans la case correspondante et tu connaîtras le nom de ce reptile marin.

Solutions p. 99

Pas de temps à perdre !

Résous ce rébus pour savoir ce que ce petit dinosaure dit à son compagnon !

Presque pareils…

Ces deux dessins sont presque identiques… à sept détails près. À toi de les identifier !

Solutions p. 99

Dino-girafe

1	2	3	4	5	6	7	8	9	10	11	12

Écris la première lettre de chaque objet dans la case correspondante et tu connaîtras le nom de ce dinosaure.

Mort de rire !

Que lit une maman dinosaure à son petit tous les soirs ? Pour le découvrir, décrypte le code !

*	+	/	=	!	?	&	#	>	%
N	R	U	I	E	P	O	T	S	H

/	*	!

?	+	!	%	=	>	#	&	=	+	!

Solutions p. 99

Solutions

Nom d'un dino !

T	A	Q	I	T	H	P	M	A	V	O	S
Y	S	R	E	F	X	B	F	T	E	U	I
R	O	T	P	A	R	I	V	O	R	S	G
A	L	U	C	G	N	U	Y	U	U	T	U
N	M	I	D	H	V	E	A	C	J	G	A
N	B	O	U	T	J	T	O	I	D	I	N
O	D	O	Y	P	O	D	B	F	D	Y	O
S	J	R	U	N	O	S	J	N	T	S	D
A	X	U	R	L	V	L	O	H	R	C	O
U	O	A	P	A	M	V	G	J	Y	E	N
R	C	I	F	H	L	U	R	U	S	D	Y
E	D	G	U	T	N	Z	S	I	M	X	O

Aïe, aïe, aïe !

Action !

Jurassic Park.

Bandes de dinos

C, A, E, B, D.

Mots fléchés

						S	T	E	G	O	S	A	U	R	E
	P						Y								C
	T						R								H
V	E	L	O	C	I	R	A	P	T	O	R				I
	R						N								N
	O						N								O
	D		D	I	P	L	O	D	O	C	U	S			D
	A						S								O
	C						A								N
	T						U								
	Y						R								
	L		T	R	I	C	E	R	A	T	O	P	S		
	E														

Quelle découverte !

Gideon Mantell.

Le jeu des différences

Dino-chiffres

Casse-croûte

« Je mangerais bien ces belles feuilles. » (jeux – ment – je – raie – billes – un – C – bêê – L' – œufs – feu – yeux).

Pas si simple !

Remue-méninges

Tricératops, tyrannosaure, ankylosaure, stégosaure, diplodocus.

Beau métier !

Paléontologue (pas – lait – on – tôle – eau – GU' – œufs).

Lettre à lettre

Un dino pour le goûter !

« Tu es à croquer. »

À l'aide !

Ça bulle !

L'ombre-mystère

La bonne ombre est la n° 3.

Sauve qui peut !

Compte de dino

Dino méchant

Géant !

« Je fais 21 mètres de long. » (jeux – fée – V' – un – thé – un – M' – haie – TR' – œufs – deux – L' – on).

Qui est là ?

Os secours !

Mâchoire, ossement, fossile, squelette, paléontologue.

Qui suis-je ?

Lufengosaurus.

Dino 107

Cache-cache dino

La bonne ombre est la n° 2.

Dino à crête

Un stégosaure (un – S' – thé – GU' – eau – Z' – or).

À pleines dents

Pas de temps à perdre !

« Cours et ne te retourne pas ! » (cou – raie – nœud – T' – œufs – R' – œufs – tour – nœud – pas).

Presque pareils...

Dino-girafe

Mort de rire !

Une préhistoire.

Les dinosaures au musée

(pp. 14-15)

N° 1 : ce sont les enfants, le gardien et la souris. Les dinosaures, eux, sont des reptiles, bien sûr !

N° 2 : parce qu'il est carnivore (*carno*) et qu'il a des cornes, comme un taureau (*taurus*).

N° 3 : non, mais certains de leurs cousins (des ptérosaures) avaient sûrement des poils !

Trouver des dinosaures

(pp. 32-33)

N° 1 : les couleurs de la peau. On ne sait pas de quelles couleurs étaient les dinosaures, mais on a retrouvé leurs empreintes et leurs crottes fossiles !

N° 2 : « paléontologues ».

N° 3 : trias, jurassique et crétacé.

Reptiles des airs et des mers

(pp. 42-43)

N° 1 : il y a 6 ptérosaures en tout. L'animal qui ressemble à un oiseau, sur la plage, n'est pas un ptérosaure, mais un dinosaure à plumes : l'archéoptéryx.

N° 2 : 2 requins (ce sont les seuls poissons visibles sur cette image). Il y a 6 reptiles marins.

N° 3 : des « céphalopodes », qui signifie « les pieds sur la tête ». Les animaux à coquille spiralée sont des ammonites ; celui du fond est un gros calmar.

Armures et cornes

(pp. 50-51)

N° 1 : *Ankylosaurus* était aussi lourd qu'un grand éléphant et mesurait jusqu'à 10 m de long, du bec au bout de sa queue, armée d'une massue.

N° 2 : le tricératops avait trois cornes et un bouclier en forme de collerette ; l'iguanodon n'avait pas de cornes, mais une pointe sur chaque main ; *Carnotaurus* avait bien des cornes, mais c'était un carnivore !

N° 3 : faux. *Pachycephalosaurus* était un herbivore, qui pouvait se défendre en donnant de puissants coups de tête.

Des plumes et des oiseaux

(pp. 60-61)

N° 1 : il y a 3 vrais oiseaux (*Confuciusornis, Hesperornis* et *Ichthyornis*) et 6 dinosaures à plumes.

N° 2 : l'archéoptéryx, qui date du jurassique (plus de 150 millions d'années).

N° 3 : les dinosaures à plumes étaient tous des carnivores, comme les tyrannosaures.
Il est possible que ceux-ci aient porté des plumes sur une partie de leur corps (dos, cou) ou au début de leur vie (avant de devenir assez gros pour résister au froid).

La fin des dinosaures

(pp. 68-69)

N° 1 : un astre tournant autour du Soleil (comme les planètes, les astéroïdes tournent autour du Soleil).

N° 2 : le volcanisme.
Les éruptions de grands volcans ont pu augmenter les quantités de poussières et de cendres dans l'atmosphère.

N° 3 : la moitié. Parmi les espèces qui survécurent, il y avait les mammifères, tous de petite taille à cette époque, et les oiseaux.

Illustrations : Gérald Guerlais, Romain Guyard, Laurent Richard, Fabrice Mosca, Patrick Chenot.

Mise en pages : Flgraf / Sonia Blanchard, François Lemaire.

43, quai de Grenelle – 75905 Paris cedex 15

Dépôt légal : septembre 2014 – Édition 01

ISBN : 978-2-01-383172-7

Loi n° 49-956 du 16 juillet 1949 sur les publications destinées à la jeunesse.

Imprimé en Chine par Hung Hing Offset Printing. Achevé d'imprimer en septembre 2014.